Ihre Stadt!

Thomas Gsella

Reiner Schönheit Glanz und Licht –

Ihre Stadt!

im Schmähgedicht

Hinweis

Die weitaus meisten Gedichte dieses Buches wurden
veröffentlicht im Rahmen der Kolumne »Ihre Stadt« auf
der Satire-Seite von *SpiegelOnline*. Sie erscheinen hier
erstmals in Buchform mit zwei Ausnahmen: »Oberhausen«
(aus Thomas Gsella: *»Papa? Ja, mein Kind? Die letzten Fragen
der Menschheit«*, Fischer Taschenbuch 2008) und »Florenz«
(aus *»Ins Alphorn gehustet«*, Reclam Leipzig 2005).

1. Auflage 2011

© Eichborn AG, Frankfurt am Main, März 2011
Umschlaggestaltung: Christina Hucke unter Verwendung
einer Illustration von Aleksandar Velasevic ©istockphoto
Ausstattung, Typografie und Satz: Susanne Reeh
Ein Teil der Initialen entnommen aus *»1000 Decorated Initals«* und *»Fancy
Alphabets«*, erschienen bei The Pepin Press, www.pepinpress.com
Druck und Bindung: CPI – Clausen & Bosse, Leck
ISBN 978-3-8218-6087-9

MIX
Papier aus verantwor-
tungsvollen Quellen
FSC
www.fsc.org
FSC® C083411

Eichborn Verlag, Kaiserstraße 66, 60329 Frankfurt am Main
Mehr Informationen zu Büchern und Hörbüchern aus
dem Eichborn Verlag finden Sie unter www.eichborn.de

Inhalt

Zum Geleit

Laut einem alten Vorurteile gelten Deutschlands Städte, und umso mehr seit jener schlimmen Hitlerzeit, als ohne Lieb' und Leben, Herz und Lust, Geschichte und Gesicht, kurzum: als unwirtlich, ja schrecklich; ein Wort, welches den Städten aber keinesfalls gerecht wird. Denn sie sind, wenn wohl auch hier und da nicht wahrhaft, zaubrisch und bildschön, und diese Schönheit, dieser Zauber wird in unserem kleinen Buch mit Liebe, Herz und Lust besungen.

Ungezählte Jahre lang reiste und kreiste ich durchs Land, vom wilden rauhen Westen in den ruhig selbstgewissen Norden, in den abenteuerlichen Osten und schließlich in den wunderlieblichen Süden, und hielt in Reimen fest, was ich sah und dachte, fühlte, roch und schmeckte – so freudig schmeckte, dass ich am Ende auch die Perlen unseres gesamten Erdteils sammelte und in meinem Inneren wog. Hier wie dort mögen es also besondere oder, wie man heute sagt, subjektive Zeilen sein, doch versichere ich reinen Gewissens, dass sie die Wahrheit sagen und nichts als die Wahrheit.

Thomas Gsella, im Frühjahr 2011

I

Bildschöne Städte

Frankfurt

Wo scheißt die Sau ins Marmorklo?
Wo trägt man hohe Häuser
Und noch beim Lieben Anzug? Wo
Hält jeder Duck sich Mäuser?

Wo pflegt die Macht mit gutem Geld
Die guten alten Sitten?
Wo saugt der Abschaum erster Welt
Das Leben aus der dritten?

Wo sich die Säcke, Sack an Sack,
Bedienen und entlausen.
Es muss das Börser-Bänkerpack
Zu Recht in Frankfurt hausen.

Bad Homburg

Am Tatort wohnen dünkt zu dumm
Die Schlauesten der Meute.
In Frankfurt nicht: um es herum
Die viel zu reichen Leute.

Die Chefs der Banken und die Quandts –
Ein Dichter darf verkürzen:
Nie möge sich zum Totentanz
Der Himmel auf sie stürzen!

Denn auch der letzte Humanist
Des Lands ist hier geboren.
Dank Georg Schramm dem Großen, ist
Bad Homburg nicht verloren.

Mainz

Sie liegt in einem Bundesland
Randvoll mit guten Gaben:
Es machte Helmut Kohl bekannt.
Dort liegt die Stadt begraben.

Am Bahnhof hat sie einen Treff,
Betonen Expertisen.
Auch sei sie Sitz des ZDF
Und andrer Geistesriesen

Und bleibe grad beim scharfen Witz:
Toll wie sie singt und lacht.
Dann wird das Mainzelweibchen spitz,
Weil's Mainzelmännchen macht.

Wiesbaden

Sie könnte gut sein, diese Stadt,
So gut wie selten eine,
Weil sie so gute Häuser hat
Und schlechte kaum bis keine.

Sie könnte wahr sein, diese Stadt,
So wahr und schön wie keine,
Weil sie so schöne Menschen hat
Und wahrlich wenig Schweine.

Und ist auch Wiesbaden statt schön
Und wahr und gut nur hesslich:
In ihr war Roland Koch zu sehn,
Und das bleibt unermesslich.

Offenbach

Arschgesichter ziehn per pedes
Durch die Arschgesichterstadt.
Arschgesichter im Mercedes
Fahren Arschgesichter platt.

Arschgesichter tragen Tüten
In ihr Arschgesichterhaus.
Alte Arschgesichter brüten
Neue Arschgesichter aus.

Ach, es bündelt Arschgesichter
Prismagleich, dies Arscheloch!
Leider reimt, so klagt der Dichter,
Es sich nicht auf Offenboch.

Gießen

Die Häuserzeilen prangen bunt
Wie Prismen in der Sonne
Und spinnen reine Schönheit rund
Um Menschen voller Wonne.

Gebildet, ohne Hochmut stolz
Und nur von besten Sitten
Die Herren und mit reichlich Holz
Die Damen vor der Hütten.

Das Leben süß wie dies Poem,
Da Milch und Honig fließen.
Als Gegenstück zu alledem
Und widerlich gilt Gießen.

Darmstadt

Das schönste Ding im Menschen heißt?
Ein Tipp: Es ist kein kurzes.
Es ist der Grund, aus dem du scheißt,
Und Vater deines Furzes.

Das schönste Ding des Menschen ist?
Ein Tipp: das Werk der Ahnen.
Sie ist der Grund, auf dem du bist,
Und Mutter des Urbanen.

Die schönste Stadt der Menschheit klingt?
Ein Tipp: wie Scheißfurzhausen.
Aus diesem Grund lass unbedingt
In Darmstadt einen sausen!

Aachen

Man kann der Stadt, die ewig dröhnt,
Auf ewig nicht entrinnen.
»Ein Kaiser hat sich hier gekrönt!
In unserm Dom! Da drinnen!«

Gewehre zwingen dich zum Bau,
Dass niemand ihm entkomme.
Vorm Dom schreit eine alte Frau:
»Der Ludwig war's! Der Fromme!«

»Und das war echt kein Hinz und Kunz!«
Ihr Mann klingt gleichfalls heiser.
»Der hat sich hier gekrönt!! Bei uns!!!
In unserm Dom!!!! Zum Kaiser!!!!!«

Mönchengladbach

O Bergisch' Land, o immergrüne Wiesen,
O lieber dunkler Zauberwald.
Ihr mächt'gen Bäume, einst gepflanzt von Riesen
Und euren Schöpfern gleich nun an Gestalt.

O süße Stadt, umspielt von stillen Hügeln.
Wie hat mich dieser Ort betört,
Da engelschöne Mädchen Hemden bügeln
Den Burschen, denen all ihr Herz gehört.

O Gässchen schmuck, von Wanderern besungen,
Die frohen Schrittes sie begehn.
O Planungsamt, wie ist's dir nur gelungen,
Dass Mönchengladbach itzo sternenschön?

O Häuschen fein, durch deren lichte Fenster
Sonnhellstes Kinderjauchzen klingt,
Wenn Mutter spricht vom König der Gespenster,
Der Architekten um die Ecke bringt.

Neuss

Welcher Lebendige,

Sinnbegabte,

Liebt nicht vor allen

Wundererscheinungen

Des verbreiteten Raums um ihn

Den allerfreulichen Ort –

Mit seinen Graden und Queren,

Seiner City,

Seiner milden Allgegenwart

Im Tage.

Wie ein König

Der irdischen Natur

Ruft es jede Kraft

Zu zahllosen Verwandlungen,

Und seine Gegenwart allein

Offenbart die Wunderherrlichkeit

Des irdischen Reichs,

So schon Novalis

Über die lustselige

VW-Stadt Wolfsburg.

Aber o Neuss, du sonderschöne,

Der Menschheit goldner Trank,

Dir sagen deine Söhne

Und Töchter vielen Dank.

Du scheinst nur furchtbar –

In süßer Trunkenheit

Entfaltest du die schweren Flügel des Gemüts

Und schenkst uns Freuden,

Die uns einen Himmel ahnen lassen

Speziell deinen neuen

Hertie-Frauennacktparkplatz

Vis à vis der Bundeskegelbahn »bei Udo«,

Dem frohen Dichtertreff

Mit seinen bunten Lampions

Und WLAN inklusive.

Wie erfreulich und gesegnet

Dort des Tags Abschied und Wiederkehr –

Die Lust der Fremde ging uns aus,

Gen Neuss treibt's uns nach Haus, nach Haus!

Gummersbach

Zehn Männer spielten Fußball nicht
Wie Müller, ich und du.
Die Männer waren nicht ganz dicht:
Sie warfen (!) ihn sich zu.

Das hat die Männer krank gemacht
An Seele, Hirn und Nerven.
Die Armen übten Tag und Nacht
Das Fangen und das Werfen,

Obwohl doch Handball um und um
In schierem Wahnsinn mündet.
Um dieses Irrenhaus herum
Wurd' Gummersbach gegründet.

Bonn

Sie stand für jedermann und -frau
Für Macht und Ruhm und Wille.
Sie kam in jeder Tagesschau
Und plötzlich um vor Stille.

Nun will sie aus dem Grab hinaus
Und stellte bunte Pappen
Vor jeden Baum und jedes Haus:
Bekränzte Pappattrappen

Von Erhard, Barzel, Strauß und Barsch
El, Kiesinger und Wehner.
Doch kennt die heute halt kein Arsch
Und Bonn auch weiter keener.

Köln

Hier sitzt ja nun nicht irgendwer.
Hier sitzen Medienhäschen
Von RTL und WDR
Um Kölsche Kindergläschen.

Pro Runde gibt's zwei Tropfen Bier,
Die äußerst gut verschalt sind.
Auch die von n-tv sind hier
Mit News, die gut bezahlt sind,

Und Super RTL und Vox,
Weil niemand sie entfernt hat
Und halt das ganze Köln-Gesox
Nix Richtiges gelernt hat.

Leverkusen

Wieso es eine »Werkself« gibt,
Die den Konzern im Namen hat,
Obwohl sie nichts als Kohle liebt
Und's Ärschchen gern im Warmen hat?

Weshalb man fiebernd seinen Tag
Und seine Kraft dem Schinder schenkt,
Obwohl man dessen Stechuhr mag
Und Aspirin das Fieber senkt?

Warum auch Köln zusammenbricht.
Wer könnte das verknusen:
Von Angesicht zu Angesicht
Mit Bayers Leverkusen.

Düsseldorf

Hier kommen die Bewohner um
Vor Altbier, Zorn und Lüge.
Die ganze Stadt ist viel zu dumm
Für eine kluge Rüge.

Sie zieht die Menschen an und aus
Und lässt sie nackt verlottern.
Es gibt in praktisch keinem Haus
Bewohner, die nicht stottern.

So stirbt man früh und schweigend weg
Und gern: raus aus der Hölle!
Ganz ohne jeden Sinn und Zweck
Liegt Düsseldorf bei Kölle.

Wuppertal

Fragst du Bewohner, was die Stadt
An Sehenswürdigkeiten hat,
Dann krächzt der Buer und kräht der Hahn:
»Die Schwebebahn! Die Schwebebahn!«

Fragst du Bewohner, was an der
So sonders sehenswürdig wär,
Dann kläfft das Maul und bleckt der Zahn:
»Die Schwebebahn! Die Schwebebahn!«

Dann überwältigen sie dich
Und präsentieren dir und sich
Im Wuppertaler Fieberwahn:
»Die Schwebebahn, die Schwebebahn!«

Hagen

Es gibt nicht wirklich diese Stadt,
Und niemand spricht das Wort aus.
Wer also Spaß am Nichtsein hat,
Der sucht sich diesen Ort aus.

Denn keiner tut so gut wie er,
Als wäre er am Leben.
Tags gehen Menschen hin und her
(Als würde es sie geben)

Und, wenn die Nacht im Eimer ist,
Nach Haus, wo sie beklagen,
Dass da wie immer keiner ist:
Nicht sie, kein Haus, kein Hagen.

Iserlohn

In saurem Land: im Schmerzenskreis
Des »Märkischen«, wo's Unglück haust –
In dieser Hölle, die wohl weiß,
Warum's dem Herrgott vor ihr graust,

Hockt nahe der verschlammten Ruhr,
Die es vom schwarzen Ruhrpott trennt,
Ein Sodom aller Leidkultur,
Das der zumal mit Namen kennt,

Der nebenan zu wohnen hat.
So ahnt's der Lüdenscheider schon:
Es ist das gleich nach seiner Stadt
Weltweit zweitschlimmste Iserlohn.

Hier im Revier

Hier sieht man jedem Straßenzuge an,
Dass Hitler nicht gewann.
Hier redet jeder platt
Vor Stolz, dass keiner was zu sagen hat,
Und hält sich, weil er aufrecht sein will, krumm.
Hier kommt, wer hier zur Welt kam, um.
Hier sind noch die da oben subaltern.
Hier geh ich gern.

Duisburg

Es braucht nicht immer Wein zum Fisch.
Man darbt auch ohne Schinken.
Man kann auch ohne Stuhl und Tisch
Aus Regenpfützen trinken.

Es braucht nicht immer Glück statt Frust.
Man kann auch schluchzend leben.
Man kann auch ohne Lebenslust
Nach Gram und Trübsal streben.

Es braucht nicht immer's große Los.
Man kann's auch hintertreiben.
Man kann auch aller Hoffnung bloß
In Duisburg wohnen bleiben.

Papa-a?
Ja, mein Kind?

Wenn wir Ulm vor Jahrn verließen,
Um in Hagen, später Gießen,
Plön und Meppen aufzublühn;

Wenn wir dann aus Hohenlohen
Im April nach Bochum flohen,
Um von dort hierher zu ziehn –

Ach, verstrahlt's nicht Ulmer Grausen,
Dies ... wo sind wir?

Oberhausen.

Mülheim a. d. Ruhr

Da baute der Maurer und plante
Der Planer, sie haben gesungen,
Bis beiden dann urplötzlich schwante:
Da war ihnen etwas misslungen.

Schnell wurde die Lage vermessen.
Sie maßen und riefen's mit Grausen:
»Das ist ja genau zwischen Essen
Und Duisburg und, öch!, Oberhausen!«

Da ließen zwei Händler sich nieder,
Zwei Schrottis, der Dicke hieß Karl.
Es waren die Aldi-Gebrüder.
Auch das noch! Der zweite Skandal!

Schnell kamen Experten und rieten:
»Ihr Bürger all! Ziehet und schiebt!«
Die Bürger all schiebten und ziehten –
Doch Mülheim ist stehengeblieben.

Bochum

Kommt man von Norden angereist,
Dann ist's zum Haareraufen:
Die Häuser grad wie hingescheißt
Versammeln sich zum Haufen.

Noch teuflischer von Süden her:
Am Ortseingang zwei Straßen,
Die sieht man an und kann nicht mehr.
Es ist schlicht nicht zu fassen.

Doch allseits macht dies Schreckensnest
Den Reisenden beklommen:
Man darf ja auch von Ost und West
Niemals nach Bochum kommen.

Dortmund

Man kennt die Sonne nicht und Wind
Und nicht das Grün der Reben,
Wo Greis und Mann und Frau und Kind
In Kohleflözen leben.

Sie müssten nicht und tun es doch.
Gewohnheit prägt das Wollen.
Wie früher fahren sie ins Loch
Und hauen auf die Stollen.

Die lichten Stunden schuften sie
Bei fünf Minuten Pause.
In schwarzer Nacht verduften sie
Per U-Bahn schwarz nach Hause

Und fahrn per U-Bahn wieder ein,
Noch eh' der Morgen aufzieht.
Noch weiß zum Glück hier echt kein Schwein,
Wie Dortmund oben aussieht.

Gelsenkirchen

Im Fernsehn wär sie Biathlon.
Im Lichtspiel wär sie Schatten.
Im Fluß wär sie ein Rudel von
Vermutlich Bisamratten.

Bei Weizenernten wär sie Stroh.
Bei Blutwurst wär sie Pelle.
Bei Beckmann wäre sie Guido
Vermutlich Westerwelle.

Als Krankheit wär sie Pandemie.
Als Fleisch stinksaure Nierchen.
Als Menschensiedlung wäre sie
Drum niemals Gelsenkirchen.

Herne

Wenn Prachtfassaden blütenlind
Auf alte Bäume blicken
In Straßen, die aus Schönheit sind
Und wie ein Duft bestricken;

Wenn abends auf den Boulevards
Die Männer und die Grazien
In weltberühmten Schummerbars
Chips nippen und Pistazien

Und Glückes Kinder sind und froh
Der Schwere fern wie Sterne,
Dann bist du sicher irgendwo
Im sagenhaften Herne.

Bielefeld

Vor vielen hundert Jahren schon,
Da sprach ein Mann zu seinem Sohn:
»Ich hab das Leben, ach, so satt;
Wohlan, wir gründen eine Stadt.«

Der Sohn war wie der Vater toll
Vor Menschenhass und Lebensgroll
Und sprach: »Sie soll auf Erden
Ganz einzigartig werden!«

So bauten sie. Bald war vollbracht,
Was Ekel, Zorn und Wut erdacht.
Und also kam auf diese Welt
Der Teufel namens Bielefeld.

Münster

Beamte prägten diesen Ort,
Dann kamen die Studenten.
Die einen sind nach einem Wort
Der andern »die Verpennten«.

Die einen hängen in den Tag,
Und nachts sieht man sie flegeln.
Die andern sind ein Spießerpack
Und folgen dummen Regeln.

Vor Stundenplänen buckeln sie
Und kriechen zur Karriere.
So retten nur die einen, die
Beamten Münsters Ehre.

Hamm

Es machten einst zwei Wandersleut
Im ödsten Platt ein Päuschen.
Sie waren blöd und leicht zerstreut,
Da bauten sie zwei Häuschen.

Da bauten im Geschick der Zeit
Zerstreute noch und nöcher.
Heut sind sie diese Blödheit leid
Und saufen wie die Löcher.

Heut sind sie alle täglich stramm
Und werden täglich strammer
Und gelten so zumal in Hamm
Als blöd, sprich: voll der Hammer.

Göttingen

Hingegen schätzt man Göttingen
Als Summe aus dem Grausen
Der Städte Recklinghausen,
Moers, Krefeld und Altöttingen.

Kassel

Das Leben ist nicht wunderbar,
Und hier ist es unsäglich.
Hier sagt man »Frohes neues Jahr«
Vor lauter Unglück täglich.

Im Winter darben Mensch und Schwein
Mit Pommes und Polenta.
Im Sommer fallen Spinner ein
Und machen documenta.

Die City wie aus Hass gerührt,
Der Bahnhof ein Schlamassel.
Leb' du zur Not in Ulm und Fürth,
Doch nie, niemals in Kassel.

Gütersloh

In dieser Stadt sind's nicht allein
Die aktuell Pressierten:
In dieser Stadt gibt's den »Verein
Der hier Reinkarnierten«.

Fast jeden Abend kauern sich
Die Ärmsten in die Runde
Und weinen und bedauern sich
Und führen Schnaps zum Munde.

Die Gründerin ist alt und fahl
Und weiß sich gottverloren:
Sie wurde dreiundzwanzig Mal
In Gütersloh geboren.

Minden

Ortsfremde sahen das noch nie,
Doch täte es sich lohnen.
Zwar treffen es oft nicht mal die,
Die Jahre in ihm wohnen

(Sie finden morgens halbwegs raus
Und abends nicht zurück
Und bauen sich ein neues Haus
Im nahen Osnabrück),

Doch gibt es einen Weg hinein:
Am Ortseingang zwei Linden,
Und auf der zweiten, winzig klein,
Ein Schild: »Ortsausgang Minden«.

Paderborn

Ein Umland, das schon alles hat,
Und wer's verlässt, vermisst es:
Die Jugend liebt das stolze Platt,
Denn praktisch täglich pisst es

Aus prallem Grau aufs schwarze Braun
Der Pfützen und der Hüte.
Die Jugend liebt auch Nägelkaun
Und Pattex in der Tüte

Und zieht doch fort und hüpft nach vorn
Und wie von letzter Klippe
Im Umlandzentrum Paderborn
Mit Steinen in die Lippe.

Ibbenbüren

Sie döst wie Asche ohne Glut
Und träumt vom großen Namen.
So gebe Gott uns Kraft und Mut,
Ihn zu vergrößern, amen:

Denn wenn's hier keinen Louvre hat
Und keine Mona Lisa,
So hängt der Segen in der Stadt
Doch wie der Turm von Pisa.

Hier kennt man gar den Kölner Dom!
Und alle Wege führen
So wie ins große alte Rom
Schnurstracks aus Ibbenbüren.

Osnabrück

Es kam ein Mann nach Osnabrück,
Der ging nicht augenblicks zurück
Dorthin, wo er gewesen war.
Sein Leiden ist nicht darstellbar.
Moral: Kommst du in diesen Ort,
Dreh' dich herum und gehe fort!

Hannover

Wie man's von schlimmsten Taten kennt,
Fehlt diesem schlimmsten Orte
Das sprachliche Äquivalent:
Dem Grauen fehln die Worte.

So müssen neue Wörter her,
Die schlagen und nicht schleimen.
Kommt, spucken wir ins Wörtermeer
Zwei neue (eins zum Reimen):

Das erste Wort heißt katastroph,
Gesteigert: katastropher.
Am katastrophsten und saudoph
Ist demgemäß Hannover.

Braunschweig

Es hielt sich einst ein schönes Land,
Weil's links und rechts famos war,
Als Ruheraum den Zonenrand,
In dem rein gar nix los war.

Dort zogen jene Menschen hin,
Die ich und du verlachten,
Nur weil sie Welt, Tat und Geschehn
Als Zumutung erachten.

In diesem Garnix wuchs die Stadt,
Weil täglich neue kamen,
Die außer Garnix gar nix hat
Und Braunschweig heißt mit Namen.

Wolfsburg

Derweilen jede eine ist
Von Chemnitz bis nach Kamen,
Führt nur die beste Stadt mit List
Das Zauberwort im Namen:

»Die Autostadt«. O Synonym
Des Guten, Wahren, Schönen!
Mag Himmelsglück mit Ungestüm
Die Dortigen verwöhnen.

Und macht die auserwählte Stadt
Mich auch vor Neid zerreißen,
So mag doch, wer die Bombe hat,
Sie auch auf Wolfsburg schmeißen.

Oldenburg

In hohen Nordens tiefstem Platt:
Im leeren Nichts um Emden
Sorgt diese unhaltbare Stadt
Seit jeher für Befremden.

Sie ist, so weit ihr Daseinsgrund,
Ein Zentrum eines Kreises.
Und auch ihr Selbstbild ist gesund:
Sie steht im Weg und weiß es.

Denn wär' sie nicht, man führ' am Stück
Gen Südens helle Sphären!
So muss man, lang vor Osnabrück,
Noch Oldenburg durchqueren.

Hamburg

Wie froh die Stadt, die alles hat:
Den Wind der faulen Meere,
Mainstreamgazette, Tittenblatt
Und deren Millionäre.

Wie stolz die Stadt, die immer kann:
Zum Schwitzen an die Strände,
Zum Spritzen auf die Reeperbahn,
Zum Spitzen die Vidende.

Wie Tor zur Welt, wie frei der Geist:
Sich nehmen heißt hier geben.
Im Glanze, den der Teufel scheißt,
Soll Hamburg ewig leben.

Rostock

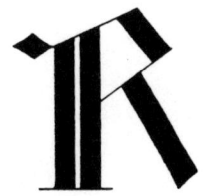

Das wäre über diese Stadt
Der Hanse noch zu sagen,
Die Rang und Klang und Namen hat
Wie etwa Lichtenhagen:

Die Menschen mögen kühles Bier
Und gute Mode leiden.
Auch zum Pogrom weiß man sich hier
Leger und chic zu kleiden.

Den Ärmel (Gucci) leicht gestreckt,
Der Sweat (Dior) in Pose.
Der Schuh (von Kotze) ganz versteckt,
Von Pisse stammt die Hose.

Frankfurt an der Oder

Sie liegt in einem falschen Land,
Das wahr und schön und gut war.
Doch dann geriet's in falsche Hand,
Weil's Böse auf der Hut war.

Nun ist sie reine Clownerie,
Ein Witz mit Arsch und Ohren,
Und war doch als Hybridkopie
Von Anbeginn verloren.

Sie heißt gar wie die Richtige.
Hoho, welch ein Zinnober!
Ein Prosit auf die wichtige
Stadt »Frankfurt« an der Oder!

Dresden

Die Frauenkirche zu zerhaun,
Um mit den freien Steinen
Die Mauer wieder aufzubaun
Und so das Land zu einen,

Indem man wieder atmen lässt
Den Osden und den Wesden,
Das kann man nicht in jedem Nest,
Das kann man nur in Dresden.

Leipzig

Sie war wie eine Kirchenmaus
So arm und abgerissen.
Jetzt heißt sie Boomtown und sieht aus,
Als hätt' wer Gold geschissen.

Die Shopping-Malls sind aus Saphir
Und menschenleer zum Gähnen.
In hippen Bars tropft dummes Bier
Aus diamantnen Hähnen.

So hat sie Stil und ihren Preis,
Die dickste aller Maden:
Pro Tag frisst Leipzig ohne Scheiß
Zehn West-Fantastilliarden.

Weimar

Hier wurde deutsche Dichtung rund,
Hier sah man Goethen thronen.
Er war ein super Rapper und
Erfinder der Zitronen.

Er fuhr auch nach Slowenien
Mit Busenfreund Fritz Schiller.
Dort sprühten sie sich Xenien
Auf Busen, Bauch und Piller.

Sie sauften jede Nacht bis pümp
Und trampten back to Weimar.
Dort nannten sie sich dann »Olymp« –
Sie warn halt echt im Eimar.

Cottbus

Zwar gibt's hier nix als Spree und Gurk,
Doch riecht's auch nach Verrosten.
Und liegt sie auch in Brandenburg,
So doch im deutschen Osten.

Und war auch bleich ihr Angesicht,
So fraß sie doch der Westen.
Zum Ausgleich zählt ihr Fußball nicht
Mehr länger zu den besten.

Und schlägt sich Hool mit Nazipack,
Das stündlich auf den Pott muss,
Geht Jahwe doch im Büßersack,
Betrachtet er sein Cottbus.

Jena

Früher wirkten hier mal Schlegel,
Goethe, Schiller, Fichte, Hegel.
Heimisch blieb, soviel ich weiß,
Dieser alte Optik-Zeiss.

Und auch sonst ist's heute toll da:
Chemnitz, Gera und Apolda
Liegen so in nächster Nähe,
Dass man's gerne übersähe,

Denn zu schön in jedem Falle
Auch die Nachbarinnen Halle,
Laasdorf und vor allem Schlöben.
Jena, lass dich allzeit löben!

Halle

Sich schämen, das ist lange her,
Das macht man heut ja nimmer.
Die Menschen schämen sich nicht mehr,
Denn schamlos sind sie immer.

Nur hier tun's alle Menschen noch.
Hier wird vor Scham gestammelt.
Hier hat sich wie im schwarzen Loch
Die Scham der Welt versammelt

Und sitzt den Menschen im Genick.
Schamrot sind Ohr und Nüstern,
Derweil sie mit verschämtem Blick
»Ich bin Hallenser« flüstern.

Zwickau

Haiku mit Herbstwind –
Und von blutroten Bäumen
Fallen die Menschen.

Bayreuth

Wenn Klunkerkuh mit Aktiensack
Und Vollidiot und Hippe
Und das Polit- und Medienpack
Mit plastikdicker Lippe

Samt Gräfin Rotz und Arsch von Stenz
Und reichgebornen Gören
In einem Sud aus Prominenz
Und Scheiße Wagner hören,

Dann mag, nicht wahr, ich bitte Sie,
Der Teufel hocherfreut sein.
Doch kann es also nimmer nie
Im göttlichen Bayreuth sein.

~~Trier Saarbrücken~~ *Hof*

Ein Leser schrieb: »Ich leide sehr,
Und meine Seele ruht nicht,
Bevor Sie Trier nicht preisen, Herr!«
Na gern! – Schon fertig. Gut, nicht?

Ein Leser schrieb: »O Dichtersmann,
Wie würd' Er mich beglücken,
Läs ich von Ihm, ach, irgendwann,
Ein Loblied auf Saarbrücken!«

»Kein« »Thema«. Aber nun zu Hof,
Dem Mekka freier Geister!
Ein Leser schrieb: »Hier ist es doof.
H. Fichtner, Bürgermeister.«

Erlangen

In alten Zimmern wohnt das Leid
Aus tausend Menschenjahren.
Und in den Gassen steht die Zeit
Wie Luft unter Talaren.

Ganz selten lacht ein kleines Kind
Mit einem andern kleinen.
Und wenn sie wüssten, wo sie sind,
Sie würden beide weinen.

Denn viel zu schnell ist es zu spät:
Man wird vom Nichts umfangen
Und will noch vor der Pubertät
Das Himmelreich Erlangen.

München

Das fängt bereits im Bahnhof an
Und fährt dir in die Knochen.
Kaum dass man es beschreiben kann:
Es riecht, nein: nicht erbrochen,

Es riecht nach faulem Hering nicht
Und nicht nach grünem Schinken,
Es stinkt einfach. Es herrscht ganz schlicht
Das pure, reine Stinken.

Die Menschen atmen durch den Mund,
Und dürften sie sich lynchen,
Sie täten es, so schrecklich und
Unfassbar stinkt's in München.

Nürnberg

Nicht nur laut Markus Söder ist
Sie »Stadt der Menschenrechte«.
Wie gut, dass niemand blöder ist
Als eine Schuppenflechte.

Es ist die Reichsparteitagsstadt,
Die Stadt der braunen Hallen,
Und wenn man die Partei mag, hat
Man auch an ihr Gefallen

Wie am Salat aus Ochsenmaul
Und Borsten-Rostbratwürsten.
In Nürnberg ist man halt zu faul,
Die Sau vorher zu bürsten.

Bad Orb

Für Greser & Lenz

Wenn sich der Killer mit der Hur'
Und dem Bandit verbindet
Und täglich deutlich mehr als nur
Ein Mensch spurlos verschwindet;

Wenn Mafiosi Tag und Nacht
Auch dir ans Leder wollen
Und Polizisten dieser Macht
Sich fügen und sich trollen

Und also rotes Menschenblut
Durch schwarze Gassen brandet,
Dann bist du armer Tunichtgut
Just in Bad Orb gelandet.

Augsburg

Die Stadt kommt wahrlich nicht zur Ruh,
Denn seht, es rast die Meute.
Zum Vater beten ich und du
Und knien zum Geläute.

Einst schickte Satan Ungemach
Dem Gotteshirten Dyba.
Und Dyba schrie: »Die Schwulen, ach!«,
Schon war's mit ihm voryba.

Doch von den Toten auferstand
Der Dyba in dem Mixa.
Der machte Augsburg weltbekannt
Und reimt sich doch auf Wiedersehn.

Wildbad Kreuth

Wenn auf gespenstisch klirren Hügeln
Gestalten sich zusammentun
Zum Saufen, Platteln und Verprügeln
Und auch in Gottes Nacht nicht ruhn;

Wenn diese rabenschwarze Riege,
Von weißen Bieren tief beleckt,
Mit Tanz und Wahnsinn und Intrige
Am End den ganzen Ort ansteckt

Und Nackerte auf Schlitten fahren
Und sich der Pfaff darüber freut,
Dass Schweine sich mit Rindern paaren,
Dann bist du wohl in Wildbad Kreuth.

Ettal

Seit Zweitem Laterankonzil
Verschmäht zum schlimmsten Zeitvertreib,
Dem satanbösen Liebesspiel,
Der Gottesmann das Teufelsweib

Und schuf auf Bayerns grünster Alm
Ein frommes Haus für Maid und Bub,
Wo er bei Rosenkranz und Psalm
Sein Zölibat im Kind begrub.

Heut liegt den Brüdern so was fern:
Sie lassen Schäfchen wieder ruhn,
Damit Sie Ihre wieder gern
Ins Internat von Ettal tun.

Esslingen am Neckar

Denk dir Korallenfische. Sieh
Dies Lustspiel froher Farben.
Denk jene frohen Stunden, die
Dir deine Liebsten gaben.

Sieh diese Orchideen. Denk
Dir Kolibris, nicht Schaben.
Denk schöne Städte als Geschenk
Und sieh dann die der Schwaben.

Denk, sie verderben Lust und Spiel.
Sie gehen auf den Weckar.
So sind drei Strophen drei zu viel
Zu Esslingen am Neckar.

Tübingen

Zig schlagende Verbindungen
Nährt dieser Ort bis heute,
Denn geistige Behindungen,
Die pflegen hier die Leute.

Horst Köhler, Roman Herzog, Küng
Sind nicht mal hier geboren.
Doch haben sie wie Hölderlin
Hier den Verstand verloren.

Der schlechte Wein, der Pestgestank
Aus Schweiß und Rigorismus:
Ist Tübingen auch geisteskrank,
Rockt doch sein Pietismus.

Stuttgart 21

Wo rolln mit ruhig festem Tritt
Die Macher über Maden?
Wo darf im Herbst die Mutter mit
Dem Kind im Freien baden?

Wo weiß man bösem Volk von Haus
Aus gut zu widerstehen?
Wo schießt man Rentnern Augen aus,
Damit sie in sich gehen?

Wo Bürgerochs mit Bürgerkuh
Sich frech zusammenrudelt.
O Stuttgart, bleiche Mutter du,
Wie sitzest du besudelt.

Villingen-Schwenningen

Wo betten sich Enge und Not
Zur Sause und haben Spaß?
Wo nimmt sich das Leben den Tod?
Wo treibt's der Neid mit dem Hass?

Ich red' nicht von Pocken und Pest.
Dass Seelen wie Raben sind,
Wenn in einem einzigen Nest
Badenser u n d Schwaben sind:

Das halten halt Menschen nicht aus.
Wer tanzt gern auf Pfenningen?
Und wer also baut sich ein Haus
In Villingen-Schwenningen?

Sindelfingen

Der Bürgermeister (blöd) befahl:
»Ein jedes Kind zu seiner Qual,
Das seine Eltern früh verlor,
Muss schüttelreim' im Waisenchor.«

So hört man auch die Findel singen:
»Der Herrgott scheiß' auf Sindelfingen!«

Baden-Baden

Hier rät man Kindern fortzuziehn.
Hier feiert sich die Reife
Mit echtem Geld und Hermelin.
Die Pudel tragen Schleife.

Und ist auch außer Hausse nix los,
Tut's Leben doch gut schmocken:
Vor dicken Türen perlt die Oos,
Und dicke Russen zocken.

Wär' so die Welt im Wesen Speck:
Hier tanzten ihre Maden.
Zum Lied vom Tod aufs Oberdeck
Lädt freundlichst Baden-Baden.

Freiburg

Man trägt hier Wahr und Schön und Hut
Aus Filz und hasst Tenside.
Man findet Kriege nicht so gut
Wie Harmonie und Friede.

Man spricht, wie eine Feder fällt:
Hier reift ein Satz in Jahren.
Und was man für Gedanken hält,
Lässt man noch länger garen.

Man nimmt den Strom aus Güllemist
Und Köttelstreu zum Würzen.
Man trinkt, was Freiburgs Himmel pisst,
Und heizt mit Schweinefürzen.

Heidelberg

Man sieht Lemuren sich im Tross
An bleiche Hände fassen.
Sie machen Oh zum großen Schloss
Und Ah zu kleinen Gassen.

Der Grund für diese Agonie:
Die Amis ham's vergessen
Und bombardierten anstatt sie
Köln – Hamburg – Dresden – Essen.

Und liegt sie drum wie aufgebahrt,
Stimmt Heidelberg doch heiter:
Hat sie auch mit dem Tod bezahlt,
Lebt s' doch als Leiche weiter.

Kaiserslautern

Hier glänzte mal der Fußballsport
Mit Bongartz, Briegel, Brehme.
Das ist vorbei. So blieb dem Ort
Allein das Angenehme:

Zwar starb die Stadt der Lauterer
Im Bombardement der Flächen,
Doch bauten sie verbauterer
Neu auf, um sich zu rächen.

Und das sieht rasend spitze aus,
Man kann es nicht beschreiben.
Man geht hinein und rast hinaus,
Um anderswo zu bleiben.

Neubrandenburg, Neu-Ulm, Neuwied, Neustadt, Neumünster

So manches Lakentuch ist schlecht,
So mancher Topf hat Tücken.
Nicht jedes Buch erscheint zu Recht,
Nicht jeder Zopf will glücken.

Manchmal missrät ein kleines Ding,
Das lässt sich leicht beheben.
Doch wenn ein Ort danebenging,
Dann soll man damit leben.

Denn im Vergleich zum alten Shit
Sind Neustadt und Neumünster,
Neubrandenburg, Neu-Ulm, Neuwied
Vielhundertmal so finster.

Stadtleben

»Geboren wurde ich in Streit,
Da zog ich über Ekel
Und Heuchelheim nach Hohn und Quaal.
Die Heirat war in Notschrei.

Vier Kinder kamen dann in Zorn
Und Prügeldorf und Leiden.
In Grab zerbrach das Liebesglück,
Die Scheidung war in Kummer.

Aus Wimmern fahre ich nun oft
Nach Kalt zu einem Enkel.
Die Kinder zog es fort nach Pech,
Zank, Wahn und Niederreißen.«

Meine Stadt

Gäb's einen Gott, ich bin gewiss,
Dass er in meiner wohnte.
In Ihrer gibt's ja leider nichts,
Was sein Verbleiben lohnte.

In Ihrer lebt man wie im Sarg,
Als wollten Sie sich strafen.
In meiner lebt man froh den Tag
Und legt sich heiter schlafen.

In Ihrer haust man, weil man muss.
Durch meine tanzen Freie,
Die wissen, dass man mit Genuss
Allein in dieser seie:

II

Sonette Städte

Lübeck

O Stadt, durch die der Wind des Weltgeists weht!
Bereits das Grass-Haus macht Besuche lohnen.
Doch weil der Schreibkunst größter aller Sohnen
Höchstselbst hier weilet, Hut ab zum Gebet:

O Stadt, in der das Günter-Grass-Haus steht
Und Grassens selbst, wie Grass-Kenner betonen,
In einem praktisch zweiten Grass-Haus wohnen!
O frohe Stadt, wo quasi im Paket

In einer Stadt zwei Häuser sich befinden,
Auf denen Grass als Wort und Name prangt.
Sie nicht besuchen mögen nur die Blinden.

Sie nicht besuchen ließe sich verbinden
Mit dem Umfahrn der Stadt, die Grass verdankt,
Dass auch Bewohner gern aus ihr verschwinden.

Karlsruhe

In Karlsruhe leben heißt Trauer und Tod.
Nach Karlsruhe ziehen heißt Schrecken.
Aus Karlsruhe herkommen heißt voller Not
An Herkommen zitternd verrecken.

Von Karlsruhe lesen macht Ekel und Wut
Im Erdrund der Menschengemeinde.
Von Karlsruhe Schlechtes zu schreiben, tut gut.
Für Karlsruhe sprechen macht Feinde.

In Karlsruhe wüten mit grauem Gesicht
Und blutroten Roben und Tonnengewicht
Die Herren der eisernen Worte.

Sie nennen sich Bundesverfassungsgericht
Und brennen und schänden und schonen
                              ich nicht
Im furchtbarsten Ort aller Orte.

Hildesheim

Nach einer Frau scheint dieser Ort benannt,
Wohl weil er Heim war irgendeiner Hilde.
Genaueres ist weiter nicht bekannt,
Und so verwandelt sich dies Bild dem Bilde

Von Siegen an, das ähnlich dunkel bleibt,
Auch wenn man sagt und weithin unbestritten,
Es sei wie Solingen, von dem man schreibt:
Die Ratinger verwechseln es mit Witten

Und Marl natürlich, welches man verglich
Mit Lüdenscheid, und das meint inhaltlich
Auch Delmenhorst, das Pirmasens des Nordens.

Sie alle stehen stolz und sonnen sich
Als Hameln Memmingens im Lichte, sprich:
Im Glanz und Glück des Hildesheim-Gewordens.

Essen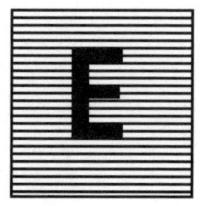

Man zieht nicht hin. Man wird dorthingebracht
Nach einem letzten Urteil ohne Milde.
Man bringt in diese höllischen Gefilde
Nur schlimmste Mörder in verfluchter Nacht.

Sie sind in Ketten, dutzendstark bewacht,
Und führen gleichwohl Schreckliches im Schilde.
Und Wachmannschaften wähnen sich im Bilde
Und werden mannschaftsweise umgebracht.

Denn alles Menschsein hat sich längst vergessen
An diesem Ort, den jeder Mörder kennt.
»Die Sträflingsstadt«. Wer will das Leid ermessen.

Hautkranke Ratten werden roh gegessen.
So jubelt grad der schlimmste Delinquent
Bei diesem Urteil: »Zwanzig Jahre Essen«.

Kïel

Du, der du hier wohnhaft bist,
Wie oft hast du gesprochen:
Was hat die Stadt verbrochen,
Dass sie so gottlos ist?

Wenn Gott erst eine Stadt vergisst,
Kann Satan Süppchen kochen.
Und aus den »Kieler Wochen«
Spricht reine Teufelslist:

Millionen Sünder segeln
– Du machst dir keinen Reim –
Zuwider Gottes Regeln.

Am Ende gehn sie kegeln
Und segeln wieder heim.
Gott strafe diese Flegeln!

Düren

Wer kennte einen derer, die durch Düren
Wie Blinde gehen, wenn es Abend wird
Und jene stille Leere sie verwirrt,
Die nur die Blinden, wie durch Haut, erspüren?

Wer sagte denn, dass Menschen Leben führen,
Wenn eine Stadt sie wie ein Sterben führt
Und eine Mauer, die nicht existiert,
Um sie herum ist wie aus Eisentüren?

Wer kennte denn? Indes, wie stark der Schein:
Von hunderttausend liest man in den Schriften.
Und alle hunderttausend sind allein

Und alle fragen: Kann denn Düren sein?
Wo liegt es? Warum gehen wir nicht stiften,
Ihr, hört ihr mich? Und alle schweigen: nein.

III

Bildschöne Hauptstädte

Amsterdam

Die Straßen faulen unter Müll,
Doch duften auch die Grachten.
Die Fenster zeigen Nippes, Tüll
Und Häkelhaubentrachten

Und Huren, deren Schuhe aus
Pantinenholz geschnitzt sind.
Die Freier schlürfen Vla daraus,
Wonach sie sehr verschwitzt sind.

Auch Touris werden angeschaut:
Die Hiesigen sind klamm.
Man wird gekillt und dann beklaut.
So nährt sich Amsterdam.

Wien

Hier zieht der dürre Kutschengaul
Den Sacherspeck zum Haydn.
Man stopft auch Jugendstil ins Maul
Und mag die Sissi laydn.

Man aalt in Ränke und Revange
Und betet zu Hans Krankl.
Man tunkt das Schnitzel in Melange,
Denn das macht gertenschlankl.

Laut Freud sieht's innen düster aus,
Doch Wien ist heute heller:
Heut' kommt auf hundert Wasserhaus
Mal grad ein Kampusch-Keller.

Rom

Es gammelt auf Cäsarenschrott,
Dies Hauptquartier des Duce.
Ein alter Deutscher macht in Gott,
Die andern in Geknutsche

Und stopfen stündlich Pizza und,
Nebst Sand aus der Sahara,
Sich Mehl mit Sahne in den Schlund
(Spaghetti Carbonara)

Und heben ihren Präsident
Und Römer in den Himmel,
Weil der auch kleine Mädchen kennt
Mit seinem großen Herzen.

Brüssel

Im Lande blüht Pädophilie,
Sein König heißt Dutroux.
In finstrer Hauptstadt hausen die
Gesellen der EU.

Sie fressen die Pralinen und
Sie fressen gar die Spitzen.
Dann sieht man selbe kugelrund
Sich Spitzensummen spritzen:

Wie sich der fleiß'ge Elefant
Ernährt mit eignem Rüssel,
So schaufelt in die eigne Hand
Der faule Hund in Brüssel.

Bern

Hier gelten Frost und Schleichen mehr
Als Wärme und Geschwindheit.
Hier kommt Ovomaltine her,
Das Signum falscher Kindheit.

Hier hocken der »Weltpostverein«
U. ä. in Alt-Arkaden.
Hier konnte's deutsche Nazischwein
Im zweiten Wunder baden.

Die Viertel: Muesmatt, Mattenhof …
Dass Gott so was erlaubt hat!
Ist Bern auch müde, ist's doch doof
Und nicht mal echte Hauptstadt.

Helsinki

Die Dauernacht, der Wind aus Ost
Gehn nicht nur an die Nieren:
Der sogenannte Spermafrost
Lässt auch das Herz gefrieren.

Und bibbernd tritt man aus dem Haus
Und blau auf weiße Bären.
Auf denen rutscht so mancher aus,
Den sie dann gleich verzehren.

Denn sonders Helsinki hier nicht:
Hirn fault im kalten Feuchten.
Die drei mit Abi heißen schlicht
»Die beiden (!) Polarleuchten.«

Monaco

Grace Kelly, aah! La Fürstenhaus!
Grimaldis! Caroline!
Das arme Volk: quel Saus und Braus!
Im Arsch die Brillantine.

Denn Fürst Albert nimmt Opium
Viel lieber als wie Steuer:
»Fürst du was ab, bring' ich dich um.«
Das macht ihn lieb und teuer.

Doch kriegt Monaco mit der Welt
Sich trotzdem in die Wolle:
Zu seinen ernsten Augusts zählt
Ernst August von der Rolle.

Madrid

Die Herren können Kreischgesang,
Die Damen Kastagnettchen.
Die Herren sind so stolz und lang
Wie ihre Kinderbettchen.

Und auch ihr Speer ragt stolz hervor
Und macht die Wimpern klimpern.
Pro totem Stier darf ein Señor
Eine Señora pimpern.

Gewinnt der Stier, kriegt sie die Wut
Und macht ihm eine Szene.
Danach ist alles wieder gut.
So lebt der Madrilene.

Tirana

Hier tanzen unter hellem Stern
Die Jungen wie die Alten.
Hier lebt man reich und viel zu gern,
Um jemals zu erkalten.

Man strahlt in frohstem Glanze wie
Dereinst im Garten Eden.
»Scheiß auf Paris!«, so hört man die
Bewohner selig reden.

Und wer sich so im Schönsten weiß
(»Und scheiß auf die Toskana!«),
Der kennt dann auch fürs Paradeis
Nurmehr ein Wort: Tirana.

Andorra

Verzaubert liegt ein Wunderland
Von alters her bis heute.
So klein wie eine Kinderhand
Sind dort die großen Leute.

Sie füllen Wein in Becherchen
Und bechern sich ins Lötchen.
Und alle großen Zecherchen
Sind scharf auf kleine Tödchen.

Die Männchen ziehen's Leibchen aus,
Dann wächst ein großes Triebchen.
Sie ziehen auch die Weibchen aus
Und lieben ihre Liebchen.

So hat denn unterm Himmelsrund
Das Schöne ein Zuhause.
Der Zwergstaat heißt Andorra und
Sein Städtchen ganz genause.

Florenz

Wenn bei einem Juliregen
Kühle Winde durch die schmalen
Gassen von Firence fegen;

Wenn erneute Sonnenstrahlen
Die Touristen neu erhitzen
Und sie neben Kathedralen

Wieder in der Hölle sitzen,
Heiß und matt im Rinnstein hocken,
Aus Millionen Poren schwitzen

Und mit schweißgetränkten Socken
Heere florentiner Mücken
Aus sakralen Mauern locken,

Wo's vor Mückenmauerlücken
Ja bekanntlich nur so wimmelt
Und die Mücken mit Entzücken,

Kaum dass mal ein Dömchen bimmelt,
Ihre Flüge dorthin lenken,
Wo Touristen, nass, verschimmelt,

Sich ein bisschen Schatten schenken;
Wenn die Mücken spitze Schwänze
In die Reisegruppen senken,

Dann, Touristen, flieht Firence
Samt der blöden Mona Lisa –
Auf nach Pisa!

London

Ein dichter Nebel steigt und fällt
Als Tropfen aus den Wolken.
Dann hängen Fäden auf die Welt:
Der Himmel wird gemolken.

Es regnet, später nieselt es,
Dann fällt es wie ein Schleier.
Dann nebelt es und kieselt es
Kirschgroße Hageleier.

Kurz steht ein Sonnenschein bevor,
Dann geht's auf London nieder.
Ein neuer Nebel steigt empor,
Anschließend regnet's wieder.

Zagreb

Die Stadt war böse wie ihr Land,
Bis Fischer es befreite.
Nun steht sie ruhmreich Hand in Hand
Dem Menschenrecht zur Seite.

Bunt, vorurteils- und serbenfrei
Erblüht ein Hort des Wandels
Im Licht vitalster Barbarei
Und regsten Frauenhandels.

Das feine, traumhaft weiße Crack,
Die Killer, der Tourismus:
So zieht sich Zagreb aus dem Dreck
Des Jugosozialismus.

Dublin

Wenn morgens früh der Tag erwacht
Und stolze Hähne wecken,
Wird auch der Zapfhahn angemacht
Zu ersten Testlaufzwecken.

Wenn Mittagsmüdigkeit sich regt
Und alles Mühe kostet,
Wird nur der Zapfhahn leicht bewegt,
Damit er nicht verrostet.

Wenn dann der Tag in Abend sinkt,
Bleibt nur der Zapfhahn droben.
Bei Nacht wird Dublin ausgetrinkt,
Doch morgens: siehe oben.

Zürich

Um einen kalten See gruppiert
Die Häuser protz- bis putzig.
Und wo nur Geld gewaschen wird,
Da sind die Menschen schmutzig.

Doch hier darf stinken, wer gewinnt.
Die Summen sind erklecklich.
Und wo die Köpfe fertig sind,
Geht's auch Kehlköpfen schrecklich.

Sie schwyzzern wie behindert platt
Und lahm wie abbe Beine.
Und weil sie zu viel Kröten hat,
Ward Zürich selber eine.

Athen

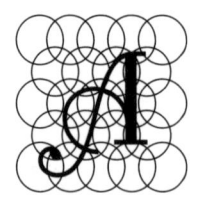

Mal fällt's auf die Akropolis
Aus immerschwarzen Himmeln.
Dann gilt die Stadt als Paradies
Fürs Frieren und Verschimmeln.

Mal ist es sechzig Grade heiß,
Ein Tod aus Gas und Schlicken.
Dann gilt die Stadt als Paradeis
Fürs Röcheln und Ersticken.

So gammeln Säulen unbesucht.
Das Klima steckt dahinter.
Athen ist scheußlich und verflucht
Im Sommer wie im Winter.

Moskau

Auf Erden war sie Himmelreich
Den liebsten der Genossen.
Die Bösen wurden allsogleich
Von Stalin totgeschossen.

Danach nahm schändend sie zur Beut'
Das Pack der Milliardäre.
Doch herrscht seit Putin nun erneut
Stolz, Weisheit, Treu und Ehre.

Wenn je die Welt im Lot sein wird
Mit sich und ihren Wesen:
An Moskau, welches rot sein wird,
Allein mag sie genesen!

Budapest

Sie hieß mit Namen Bukarest,
Das war vor hundert Jahren.
Inzwischen heißt sie Budapest,
Ist Hauptstadt der Bulgaren,

Pardon: Sudetenungarn … wie?
Muss heißen: der Rumänen?
Und hieß mal Prag? Ich bitte Sie –
Gehört das nicht den Dänen?

Na jedenfalls: Das Baltikum
Als Balkan Niederböhmens
Hat manche Städte um und um.
Besuchen S' halt und stöhnen S'!

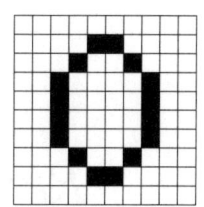

Oslo

Der Name ist als Palindrom
Zwar rückwärts gut zu lesen,
Doch existieren selbst in Rom
Weit glücklichere Wesen.

Bewohnern steht sie bis zum Hals,
Doch hat die Stadt auch Gaben.
Der Kreuzworträtsler liebt sie als
»Scheißstadt mit vier Buchstaben«.

Ob's wahr ist, sei dahingestellt,
Und ist, gefühlt, entschieden:
Der Osloer in seiner Welt
Weiß Hölle als hinieden.

Reykjavík

Sie liegt von Meer umspült, jedoch
Nicht dem um die Seychellen.
Es ist ein höllisch kaltes Loch
Mit höllisch heißen Quellen.

In ihnen büßen Dicke nackt
Und schwitzen in die Schlicken.
Ihr Saft aus Schweiß und Sünden schlackt
Zu gleichfalls nackten Dicken.

Dann springen sie in den Geysir –
Ganz Reykjavík ist pleite.
Sie singen Björk Guðmundsdóttir
Und tauchen ab ins Weite.

Vaduz

In kleinster Stadt der großen Welt
Tropft Sekt aus güldnem Becher
In große Hälse kleiner Geld-
Verschieber und verbrecher.

Fünftausend sind's und grad so reich
Wie fünf Millionen Neger.
Hier macht ein jeder Stenz auf Scheich
Und Chef und scharfen Feger.

Verdutzt erkennen Menschen rings,
Dass doch sie wer beraubt hat.
Vaduz nennt sich dem Fürstendings
Liechtenstein seine Hauptstadt.

Nikosia

Wie deutsche Trennung hielt entzwei
Die Starken und die Siechen,
Trennt dieses Städtchen einwandfrei
Die Türken von den Griechen.

Und wenn sie keine Mauer hat,
Nur eine grüne Linie,
Blickt doch die so geteilte Stadt
Beglückt auf Meer und Pinie.

Die Deutschen wären gerne dort.
Schon sieht man viele fliehen
Und froh in Zyperns schönsten Ort:
Nach Nikosia ziehen.

Paris

Sie knüllen weißes Greisenbrot
In roten Wein und Käse.
Sie brüllen ganztags rotweinrot
Die Ma… die Ma…säjäse.

Blutrohe Frösche stürzen sie
Hinunter irrer Mienen.
Wer das nicht mag, den kürzen sie
Auf ihren Guillotinen

Und stopfen grunzend Babybel
Und Brie und noch mehr Weine
Und eiern auf den Tour Eiffel
Und reihern in die Seine!

Stockholm

Hier wüten hünenstark und stolz
Mit sonnenblonden Haaren
In Häusern aus knallbuntem Holz
Die schlimmsten der Barbaren.

Aus Feindblut machen sie den Wein,
Aus seinem Fett Nivea.
Dann reiten sie auf Rind und Schwein
Zum Plündern nach Ikea.

Die Augen, ach!, so eisigblau
Und kalt wie Stockholms Himmel.
Zwei Meter misst die kleinste Frau,
Entsprechend sind die Eierlikörgläser*.

* lies: Pimmel

Berlin

Sie sagen ick und mir statt mich
Und wichsen ihre Glatzen.
Sie flezen sich in Kiez und Strich
Auf siffigen Matratzen.

Sie können nichts und wissen nichts
Und sind zu dumm zum Siezen.
Sie hoffen nichts und missen nichts
Und schimmeln in den Kiezen

Und sind, dem Herrgott sei's geklagt,
Zu blöd zum Brötchenholen.
Wer Hauptstadt der Versager sagt,
Der meint Berlin (bei Polen).

Register

Thomas Gsella war Chefredakteur der Frankfurter
Satirezeitschrift Titanic. Seine Gedichte waren und sind
u.a. in der taz, F.A.Z., FR, im SZ-Magazin, auf WDR
und SWR zu lesen und zu hören, 2004 verlieh ihm Robert
Gernhardt den Cuxhavener Joachim-Ringelnatz-Nach-
wuchspreis für Lyrik. Im Eichborn Verlag erschienen
die Gedichtbände »Materialien zur Kritik Leonardo
DiCaprios« (1999) und »Der kleine Berufsberater« (2007),
beide mit Illustrationen von Greser&Lenz.